alfabeto

Poemas de la A a la Z

a b c d e f g h
i j k l m n ñ o
p q r s t u v w
x y z

Armando Caicedo

Alfabeto
Poemas de la A a la Z

© 2016 por Armando Caicedo Garzón.
www.ArmandoCaicedo.com

Primera edición Enero de 2016

ISBN: 978-1-942963-03-5

Editorial Palabra Libre Inc
Miramar, Florida, Estados Unidos

www.PalabraLibre.com

e-mail:
contact@PalabraLibre.com

Ilustraciones y fotos
© 2016 Catalina Martínez

Diseño y maquetación
Catalina Martínez

Dedicado a Catalina Martínez,
María Augusta Montealegre
y Luís Alberto Miranda,
tres alquimistas expertos en el arte hermético
quienes se confabularon para envenenarme la razón
e inocularme -en estado cataléptico-
el virus de la poesía.

a lfabeto

Confieso que nací predestinado para no ser poeta.

Es que los poderes sobrenaturales de mi fátum, decidieron negarme la gracia, sensibilidad, inspiración y misticismo que adornan el carácter de -incluso- el más insulso de los vates.

Tan pronto ingresé a la edad de merecer, acepté que el ineludible destino me asignó tareas mucho más terrenales e impías. Resignado a mi suerte, he logrado sobrevivir -a duras penas- escribiendo textos de sátira y humor para unos encantadores editores que siempre están de malhumor.

No me puedo quejar. Pero me huelo que me habría divertido más si me entreno en otros oficios, como sexador de pollos o vendedor de *Herbalife*.

Este poemario (que me imagino sostienes emocionado en tus sensibles manos) no es otra cosa que mi testimonio de lo complejo que resulta ser poeta y de los retos que un vate de clase media -como yo- enfrenta en el universo inmaterial de la poesía.

Para estrenar mi vena lírica, intenté escribir un poema épico, en rima consonante, inspirado en la epopeya griega. Vieran la tragedia griega que padecí buscando con obsesión el nombre de una diosa helénica que rimara con "*Democracia*". (Al final, me rendí. A la mal iluminada pantalla de mi memoria sólo se asomó -terca- una tal "*Pancracia*" y la palabreja: "*desgracia*")

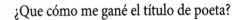

¿Que cómo me gané el título de poeta?

De manera heroica.

Este poemario es la crónica del duelo poético al que fui retado, por un grupo de iluminados vates nicaragüenses, que escogieron para la puesta en escena una paradisiaca playa en Key Biscayne, Florida. En una ceremonia de magia azul, a la medianoche de un viernes, debí someterme a una prueba lírica ácida. Para cumplir -como hombre de palabra- con este desafío a mi honor (o a los jirones de lo que quedaban de él) debí abandonar -durante una tormentosa semana- casa, familia, oficio e, incluso, mis impajaritables obligaciones conyugales.

Como si la tensión que genera un duelo no fuera suficiente, resulté componiendo versos y textos a las carreras, (...y eso, tarde o temprano se va a notar). La razón de semejante afán es que la fecha del duelo fue escogida por la poeta retadora, para que coincidiera con un día signado por la progresión perfecta: "12, 13, 14". (En otras palabras, diciembre 13 de 2014)

Loor, homenaje y reconocimiento a María Augusta Montealegre Denueda, la inspirada poeta que se inventó este bucólico duelo y lo planificó con la minuciosidad del obstetra que programa una cesárea, para darles la bienvenida a este mundo, a una canastada de trillizos.

Para concluir esta extensa y peregrina introducción le pido prestado a mi poeta favorito, el señor don Federico del Sagrado Corazón de Jesús García Lorca, éste, quizás su más iluminado aforismo:

"Es muy difícil ser poeta. Es mejor ser farmacéutico".

Si me ven cargando este "ALFABETO"... ¡Abran paso! Partí en procura de mi esquivo Parnaso...

"La poesía
no quiere adeptos,
quiere amantes"

Federico García Lorca

alfabeto

Poemas de la A a la Z

a. Amén

b. Bordadoras

c. Café con lecho

d. De derrota en derrota

e. Escritor sin vergüenza

f. Febrero

g. Guerra a la guerra

h. Hoy es tarde

i. Iniciación

j. Juegos peligrosos

k. Kali Rae

l. Liturgia sevillana

m. Mujeres

*"El mayor placer
de la escritura
no es el tema que se trate,
sino la música que hacen
las palabras"*

Truman Capote

Amén

Que circulen mis poemas, de mano en mano, como botín pirata,
para ser declamados -entre juramentos, maldiciones y blasfemias-
por traficantes, contrabandistas, prostitutas y cleptómanos.

Que se llenen los antros con la música perversa
que suele brotar ingrávida de los versos clandestinos.

Que los míos sean poemas que den vida a los amores imposibles,
aquellos que se ahogan entre sorbos de aguardiente y verde ajenjo.

No importa si son versos cursis
con tal que hagan tiritar de pasión a las mujeres tímidas.

No importa si son versos que envejecen de soledad y hastío
entre las translúcidas hojas de un breviario.

El que más quiero es un poema que viaja solitario,
-sin tiquete de regreso-
entre el vientre de aquella botella de ron blanco
que una tarde arrojé al mar,
botella que cumple tres tristes lustros de haber encallado
en una playa anónima,
en otro continente,
en espera del arribo de esa mujer
que El Señor me prometió enviar,
para redimir a mis versos del olvido.
Amén.

b

Bordadoras

Ellas bordan con la paciencia y preciosismo de una araña,
mantones de Manila.
Blasones atildados sobre la capa de algún siniestro
miembro de una sociedad secreta.
Telas de Samarkanda, traídas de contrabando
por la antigua ruta de la seda.
Bordan, uniformes de cosacos, capas de nobles y casullas de
arzobispos.
Trajes de gala para cónsules que vienen y van,
a exóticos reinos de ultramar.
Bordan banderas de emperadores.
Insignias de almirantes.
Pabellones nacionales
y hasta ese dispendioso escudo imperial
-con un león coronado por Inglaterra
y un unicornio encadenado por Escocia-
que al ser repujados con hilos de oro, seda y plata
cobrarán vida,
sobre esa ancha camisola,
que la serenísima soberana del más poderoso dominio del planeta
mandó a confeccionar
-sobre medidas-
para roncar todas las noches
-a pierna suelta-
sin presiones ni remordimientos,
sobre el robusto tálamo imperial
capaz de soportar los noventa y dos kilos
de su legendaria pureza virginal.

Café con lecho

Equipado con tremenda timidez
cierto aire de lucidez
y esta pinta de explorador
me lancé a una vida de aventura,
sin el mapa del tesoro que te guía
sobre cómo abrir la cerradura
donde yacen los secretos del amor.

¿Quién me explica con dulzura
esta escena, este caos, este vacío,
sin hacerme sentir pena?

¡Búscate una mujer buena!

Luego de mucho indagar,
por fin hallé la mejor
(buena en todos los sentidos)
alta, bella de figura, labios tentadores,
piernas largas y esas nalgas
que nada malo me inspiran,
(fuera de cometer con ella un pecado original).

Ella me explicó con erótico detalle
toda la teoría sobre el acto del amor:
esa urgencia manifiesta,
esa sensación de vértigo,
ese súbito acelere,
el torbellino que arrasa,
y al final,
esa cara de demente, ese galope espontáneo,
desbocado y estridente, aunque efímero y fugaz.

C

"Ésa es" -me susurró al oído en tono confidencial-
"la montaña rusa donde se trepa el amor".

Pero mi maestra se quedó a medias.
No pasó de la simple teoría,
no hizo ninguna demostración,
mucho menos me invitó
a practicar la lección.

Entonces puse manos a la obra.
Busqué en diez enciclopedias
cientoún explicaciones sobre el arte del amor.
Me bebí, de pasta a pasta, el Kamasutra,
el Koka Shastra, y me consumí de cabeza en
los cien cuentos profanos del Decamerón.
Leí a Masters y a Johnson, a Freud y a Rabelais.
Acudí presto a un antro con la promesa
de una conferencia impía sobre
"Sexo seguro por el método de inmersión total",
(pero era torpe propaganda
para introducir preservativos chinos,
en colores atractivos y sabores digestivos)

Me matriculé en un célebre diplomado
sobre las sesenta y cuatro posiciones
que menciona el Kama Sutra,
pero me aplicaron tarifa de recién llegado.

Me exigieron infinitas condiciones, requisitos,
trabas, papeles, juramentos por escrito,
que si contaba con respaldo financiero,
que si había tomado profilácticas medidas,
que si hice testamento y que a qué huele el amor,
más la declaración jurada dando fe
que yo tenía... las dieciocho primaveras de rigor.

C

Debí firmar cien papeles
de esos con letra pequeña
eximiendo a la institución
de demandas, y problemas
por ejemplo, los efectos secundarios
que pudieran afectar
-de la cintura hacia abajo-
mi instrumento de trabajo.

Salí a la calle con tremendo desencanto
y bienaventurado estuve
porque me encontré en la esquina
con otra despechada víctima
de la misma frustración.

Buscaba ella descifrar la incógnita del amor.
Así que alianzamos nuestros frustrados destinos.
Armados de curiosidad, mucho ingenio creativo,
inventamos los caminos para improvisar de oído,
por el método empírico de un tal ensayo y error.
Luego de persistir dos días, sin tan siquiera dormir,
por fin aprendimos la tan esquiva lección.
Toparme con esa rubia,
fue mi tabla de salvación.
Era loca, posesiva
y amante por vocación.

De prueba me puso un mes.
Me comprometí con pasión
hasta ganar mi derecho
a invadir su corazón.

C

En un dos por tres
yo estaba sacando pecho,
porque logré asegurar
mi primer "café con lecho".

Con mi experiencia de amante
yo escalé en un instante
el tan anhelado estatus
"del amigo con derechos".

Cuánto alocado alboroto puede uno hacer caber
en veinte septiembres de vida.
Cuánto júbilo inmortal.
Sueños, luchas, tempestades,
metidas de pata, promesas de amor,
¡Qué inmadura madurez!
que hoy valoro con nostalgia.

¡Qué lección tan memorable!
El amor es oficio interminable
que no te exige licencia,
pero sí mucha experiencia. ■

De derrota en derrota

Para derrotar a mis rivales
le prometí esta vida y la otra,
la intoxiqué de versos y poemas,
le compuse himnos y odas de alabanza,
canciones de amor y baladas de esperanza,
y hasta le declaré mi amor en una nueva lengua muerta.

Con treinta y seis naipes
de la baraja española
y tres de sus cuatro palos
-oros, copas y espadas-
le construí un castillo de hadas
con murallas, foso profundo y puente levadizo,
y hasta le prometí encadenarla de amor,
allá, en la atalaya más alta.

Para asegurar en mis ojos su mirada enamorada,
la palabree con la oferta
de un cielo de siete azules, de mil islas encantadas,
de un Edén con una esfinge y un país de maravillas.

Le describí en lengua de gitanos
los paraísos perdidos, de un tal Milton,
el cielo y el infierno, de un tal Dante
y le juré ser amigo de un tal Moro,
dueño y señor,
talentoso comandante
de diez Repúblicas de la Utopía.

d

Para aventajar a mis rivales,
la ilusioné con los exóticos viajes que organiza un tal Verne.
Le juré en falso embarcarla en un crucero
por "Veinte mi leguas de viaje submarino".
Le propuse dar "La vuelta al mundo en ochenta días"
y en mi paranoia le prometí un tal "Viaje al centro de la tierra"
y hasta una excursión "De la tierra a la luna".

¡Ay! Con tal de humillar a mis rivales le prometí Cielo y Tierra.
Le juré fidelidad sobre siete Biblias, el Talmud y hasta un Corán.

Pero...
por esas razones insondables,
que silvestres brotan en las mentes casquivanas,
la infeliz se casó con un calvo antisocial, de baja estofa,
que sólo prometió...
hacerle el amor todos los días. ■

Escritor sin vergüenza

Me acabo de graduar,
por el método hipnopédico,
como escritor de opúsculos,
como despreciable panfletario,
como autor de pasquines incendiarios.

Ya me reconocen como el escritor sin tildes,
redactor de lápidas, a cien pesos palabra,
biógrafo de aquellos que beben a diario el veneno del destierro.
Cronista de odiseas
cuyos personajes de novela
son fulanos, zutanos y menganos,
gente de a pie, gente sin rostro,
seres que ni siquiera figuran en los archivos de la CIA,
lugar donde reposan en paz, las claves de ADN
-más las señas particulares- de todos los mortales.

No escribo en libros de contabilidad
no soy erudito, enciclopedista, ni radionovelista.
Dejo apenas que mi pluma vuele
-a su aire-
animada por el divino soplo de su propio éter,
para inventar palabras sin sentido
y crear sonidos repulsivos al oído.

En pocas ocasiones les permito a mis musas
que bajen a conocer las pasiones que yo enfrento
porque entonces me soplan al oído
la esencia erótica de esos versos perversos
que sobreviven clandestinos
en palacios, conventos y burdeles.

e

Yo escribo ingrávidas promesas de amor
para que se las lleve el viento,
y juramentos de "fidelidad eterna"
que apenas duran un suspiro.
También escribo manifiestos, demandas, edictos, bulas papales,
canciones de despecho, propaganda negra y sentencias capitales.

¡Ah! Y escribo últimas voluntades.
Como este testamento apócrifo
que adjunto a este poema,
en original y doce copias, con sellos, cintas, lacres,
juramentos obscenos y las firmas de seis falsos testigos,
-eso sí-
debidamente autenticadas
en la notaria clandestina,
que por Ley le corresponde.

Aquí hago inventario de la fecunda producción literaria de mi vida:
"dejo a la posteridad, siete versos cojos, cuatro rapsodias,
cero trovas de gesta y tres baladas babosas,
más la pedante elegía que suelo recitar
al borde de tumbas comunes,
donde se rinde póstumo homenaje a…
sin cuenta víctimas anónimas
que se niegan a morir,
mientras sus hijos, esposas, amantes y acreedores
los carguen en su memoria.

Otros escritos que lego
en mi postrer voluntad, incluyen:
treinta cheques sin fondos
más tres letras de cambio,
y el contrato que firmé
con pulcra letra de estilo
donde prometí esta vida y la otra,
documentos -con tres copias al carbón-
que siempre denegué, no reconocí,
jamás honré y nunca pagué".

Soy un escritor en deuda con la poesía,
que aborrece la censura,
los rituales, protocolos y medidas,
normas, reglas y respeto a lo debido.
Por eso me condenaron -de manera prematura-
al averno del olvido.

f

Febrero

Esta medianoche camino solitario,
de la mano enguantada del invierno,
con la nostalgia de ese mar Caribe
que ebrio de verano se quedó en el Sur.

Observo al caminar
las profundas heridas que mis botas van dejando
sobre estas nieves perpetuas de algodón,
pretexto para imaginar -por un instante-
que son las huellas desnudas de mis pies
sobre la arena blanca de esa prístina playa
-que lujuriosa-
ocupa butaca de primera fila
frente a un mar de siete azules,
que es hogar de las gaviotas y la luz. ■

Guerra a la Guerra

"Se acabaron las guerras".
titulan las malas noticias.
Así que ¡Despertad!
Traficantes de armas y consignas.
Creadores de conflictos y de muerte.
Maquinadores de falacias y mentiras.
Inventores de enemigos y amenazas.
Manipuladores de titulares y de imágenes.

¡Alegría! ¡Alegría!
¡Hay novedad en el frente!
¡Por fin tenemos enemigo nuevo!
¡Y justificaciones nuevas para combatir!
¡A las armas! Les llegó la hora de hacer la guerra, a los valientes.
Ya nos pasó la hora de hacer el amor, a los débiles, soñadores y cobardes.

¡A la carga!

Ya ordenan desenvainar los sables, izar los gallardetes,
enarbolar los pabellones y banderas.

Ya ordenaron cavar trincheras y tumbas, con medidas estándar,
para que allá -en el fondo- esas diferencias ni se noten.

Ya ordenaron fundir cañones y granadas,
bruñir medallas al honor, levantar astas y pulir lápidas
para que en los cementerios militares
podamos uniformar y alinear
a los macabros fantasmas del olvido.

g

¡Ánimo!
Ya se acuñan pegajosas consignas de muerte
endulzadas con sabor a patria,
para animar a los más jóvenes,
a los más pobres,
a los imbéciles de siempre,
a los que no tienen derecho a morir de miedo,
para no deslucir su paso a la otra vida con el infame mote de "cobardes".

Pero no os preocupéis jóvenes patriotas, defensores de la causa,
que ya vendrán los homenajes póstumos
y los colosales monumentos de granito
y las elegías acompañadas del más estruendoso toque de silencio
y la entrega ceremoniosa de todas tus valiosas pertenencias
a tu madre, a tu novia, o a tus hijos,
siempre y cuando todo tu haber quepa entre un sencillo sobre de manila.

Pero conservad el ánimo! ¡Sí!
Si estás de suerte, podrías ocupar un sitio de honor,
algún día,
en el fondo de un oscuro mausoleo,
donde gracias a tu infeliz anonimato te honrarán -todos los años-
como "el soldado desconocido"
de la próxima gloriosa guerra
que está a punto de estallar. ■

Hoy es tarde

Mira el mapa, el reloj y el calendario...
¡Ya es tarde!
¡Aquí es el cruce!
Llegó el momento de separar nuestros caminos.

Hagamos de este último abrazo un nudo
-estrecho, tibio, intenso-
aprovechemos con egoísmo
su apretada geometría de paréntesis
y su indolente vocación de eternidad.

No. No interrumpas al silencio,
pues nada nuevo hay que agregar.
Dejemos que los tenues suspiros pidan la palabra
y que el palpitar de las arterias nos marquen el compás.

En su postrer mirada
veo que una lágrima solitaria se desprende
desde esa esquina donde la mujer esconde su alma.
Repta impenitente esa gota de rocío,
en
cámara
lenta,
mejilla
abajo,
para delatar la angustia que se siente
al partir -estremecidos- hacia Nortes diferentes.

Hoy me consumí
en el mar salado de esa lágrima,
como el náufrago que se lanza alucinado
entre las aguas tormentosas de otro adiós.

Iniciación

Perdí mi virginidad con la mujer maravilla,
dama cuarentona, de misal, camándula y mantilla.

Una tarde me sopló al oído la sentencia a mi pena capital
"pierde ya toda vergüenza, pórtate como un animal".

No puedo confesar mi edad
la tarde que me perdí
en su triángulo de las Bermudas,
pues los novatos censores de oficio,
del moderno Santo Oficio
me condenarían de nuevo,
a su potro de tortura.

¡Qué locura!

La dama concluyó el rito con gritos de penitente,
se vistió, se acicaló, sin siquiera demostrar
un tris de arrepentimiento.
En un acto de contrición,
sin el menor aspaviento,
me estiró un billete nuevo.

¡Qué dilema!
¿Me pagaba mi silencio?
¿Sería que lo hice bien?
¿O mi ejecución fue pobre?

Al final tengo la duda si yo vendí mi inocencia
por treinta monedas de cobre.

Lo anterior no importa ahora,
pues jamás podré olvidar
su cara de redentora,
ni su porte de señora,
como tampoco el perfume
que de su cuerpo emanaba,
una obscena mescolanza,
entre hediondo olor a santidad
y aroma de pecadora. ∎

j

Juegos peligrosos

Me juego este jirón de vida.
Por una buena causa,
detrás de un buen caudillo.
Por esa princesa que me pide
liberarla de la torre de un castillo

Me juego este jirón de vida.
Sable de acero en mi mano y corcel negro entre mis piernas,
me sumo a esa carga de la brigada ligera
que sigue a todo galope mi desteñida bandera.

Rodilla en tierra me la juego por cualquier fiel compañero,
a cielo abierto, en la selva o en la asquerosa trinchera
porque entre hermanos de la misma causa, la lealtad es primero.

Me juego este jirón de vida
en una mano de póker
con siete cartas marcadas,
en una partida de dados,
con los marfiles cargados,
o en un duelo sin padrinos
en el campo del honor.

Busco tres causas perdidas,
y hasta otra guerra de Troya,
con su rocín de madera
y más artilugios de engaño,
mientras Penélope espera
al Ulises... que no llega.

j

Me juego este jirón de vida
por desmentir las mentiras
de la historia universal.
Por escuchar en confesión
a un papa, dos cardenales,
tres obispos
y a esa amante clandestina
que me obligó a hacerle votos
de riqueza, obediencia y castidad.

Me juego este jirón de vida
en la expedición de rescate
que intenta recuperar el tesoro de El Dorado
de las bóvedas secretas de los grandes bancos suizos,
y de Fort Knox,
ese fuerte amurallado,
catedral del capital
donde se idolatra en coro
al último descendiente
del primer becerro de oro.

Me juego este jirón de vida
en busca de una salida
a tanta mentira infame,
al racismo, al fanatismo,
a la violencia y la guerra.

Porque es tiempo de contener,
tanto abuso de poder.

Dedicado a Kali Rae
-mi primera nieta-
Dicen que se parece a mí.
Es que en cada foto, ella insiste en exhibir mi ADN,
como su documento de identidad.

Kali Rae

Llegará ese día...
cuando tengas que bordar un tierno canto a la vida,
un arrurú, dos alabados, tres rondas...
seis palabras alocadas que rimen sin decir nada.

Algún día inventarás...
una sutil melodía para mecer una cuna.
Una larga sinfonía con cuentos de hadas madrinas.
Estrofas sonsoneteadas que sugieren saltimbanquis.
Pondrás cara de payaso mientras relatas historias.
E incluirás sobre un verso, que parece muy sencillo,
flautas, cornetas y bombos, más un desfile florido.

Invéntate un villancico con otro niño en la cuna,
haz que vuelen por su mente ángeles y querubines
y construye una melodía donde la música manda
en un desfile de circo con payasos y osos panda.

k

Porque hay mil razones festivas para cantar y contar,
disfrázate de hombre orquesta
con aplausos... "clap-clap-clap",
con estornudos... "achú-achú-achú",
con ladridos... "guau-guau-guau",
con maullidos... "miau-miau-miau",
con el reloj que no para... "tic-tac-toc",
y campanas que resuenan… "¡ding-dang-dong!".

Una canción pegajosa, humorista y divertida
es el único camino para aprender a soñar.

Que me paguen estos versos
con jolgorio y carcajadas,
con la risa de un bebé que exhibe su primer diente,
con pedidos que yo invente nuevas leyendas y cuentos
y con ojos que se cierran, pero que de pronto se abren...
cuando paro de leer...

...en ese instante improviso una quinta sinfonía,
un murmullo, un susurro, un bisbiseo…
para pasarle el relevo, a su ángel de la guarda. ■

1

Liturgia sevillana

En la esquina más discreta de este desierto de arena
se alza el sanctasanctórum donde se oficia la escena.

Para animar el ritual en este templo pagano
silencio y pañuelos blancos se disputan mano a mano.

El hombre que hoy se retira va vestido de oro y grana
y ostenta por tradición clara ascendencia gitana.

Él celebra la postrer liturgia de su oficio sevillano,
en este acto final, donde ya no arriesga nada.

En calidad de testigos, dos toreros alternantes,
banderilleros, picadores y su fiel mozo de espadas.

Se quita de la cabeza la montera de astracán.
Con honor y dignidad humilla su testa inquieta
y siente sobre la nuca el hielo de esa navaja
que vino a la ceremonia a cortarle la coleta.

En el epílogo de su última faena
se enfrentó a un toro miura,
seiscientos kilos de casta,
fuerte como tanque acorazado
y mortal como el guerrero
que desafiante agita
dos puñales afilados.

Tras dos orejas y un rabo, más dos vueltas al ruedo
se negó a salir en hombros y cruzar la puerta grande.

Es que el corte de coleta es para el diestro valiente
una embestida del tiempo,
un remate de faena,
un pase de vuelta entera,
un desplante desafiante,
es esa suerte suprema,
recibir la alternativa...
y regresar al comienzo.

Con este ritual de vida
en plena plaza de toros,
el maestro de maestros
le deseó suerte a la muerte.

Justo al salir de la plaza,
decidió sellar la paz
con su Dios y su conciencia.
Se embraguetó desafiante
y recordó a grito herido
el palmario desafío del valiente Manolete:
"Estocada por cornada. Ni el toro ni el torero se deben nada".

Mujeres

La vida es un tejido de conspiraciones...
con nombre de mujer.

Ellas son tejedoras de sueños y coronas.
Tejedoras de ilusiones y promesas.
Tejedoras de amores imposibles,
de preciosas filigranas y de velos.
Tejedoras de paisajes y de edenes,
de puertos escondidos y de cielos.

Tejedoras que mezclan, urden y entrelazan,
en una alcoba nupcial, un convento o un burdel
conspiraciones, conjuras y hasta golpes de cuartel.

La historia universal está escrita por hombres
-con la cólera de Aquiles, y la odisea de Ulises-
sin la magia y brujería de la alquimia femenina,
razón para que se mantengan clandestinas
amantes de la patria y valientes heroínas.

Pobre historia la que olvida a sus mujeres patriotas.
A Policarpas, Antonias y a nuestras fieles Manuelas.
A las Franciscas, Anas, Candelarias y Carlotas.
A las Juanas, las Lorenzas, las Luisas y Micaelas,
Adelitas, soldaderas, rieleras y coronelas.

m

Ellas con capaces de mezclar,
en un coro de voces contrapuestas,
amor, patria, hijos, rabia y rebeldía
y con la misma paciencia y armonía
con que bordan en crochet los orillos de un mantel,
tejen diestras y siniestras, hasta un golpe de cuartel.

Cual si se tratara de planear un tejido,
urden la conspiración.
Señalan las hileras y los puntos claves,
secuencia de filas, cruces de hilos y cambios de puntada.

Ya sobre la marcha, entrelazan las tareas,
y van marcando con puntos, sobre el mapa del tejido,
día y hora en que deben concluir el asalto al objetivo.

Con esa misma técnica se teje un golpe de estado.

Moviendo manos y sus dos agujas
ellas van tejiendo, chismes, cuentos chinos,
mentiras piadosas, injurias veladas,
falsos juramentos y consejas,
y con mil hilos de colores hilvanan
amores, aventuras y las siempre promesas aplazadas
de libertad, justicia e igualdad. ■

n

Novicia y rebelde

En la antepenúltima estación
se trepó al tren de mi vida.
Compensó su cara de novicia pura,
posando de mujer madura.

Me mintió como una actriz
de forma tan infantil
que le creció la nariz.
Me juró ser mujer de mundo,
aunque omitió aclarar
que su "mundo" era de Disney.

Piernas largas, bien parada, zapatos de tacón alto.
Con ese aire de optimismo como estrenando milenio.
Carga una enorme sonrisa que no le cabe en la boca,
pestañas largas, sedosas, como trampas de gitano.
y unas manos luengas, largas, de concertista de piano.

Como una bella conejita que cayó en su propia trampa
una tarde de domingo se refugió entre mis brazos.
Ese día tarareaba una sutil melodía
recuerdo que era un bolero
al estilo inconfundible
del Armando Manzanero.

Me trata como si le perteneciera, por derecho de conquista,
como si ella hubiera descubierto la cara oculta de mi propia luna,
como si del postrer bote del Titanic ella fuera su almirante,
y yo un náufrago importante de inmerecida fortuna.

n

Manso me dejé rescatar de esas aguas agitadas.
Era yo diestro navegante, experto en los siete mares,
con una vida frívola, activa, la mar de descomplicada,
vida que ella califica, con su escuadra femenina
"de apenas dos en conducta y quizás tres en disciplina".

Sin chistar me dejé llevar por ese juego de azar,
hasta que nuestro lecho emanó una fragancia de dioses,
inédita mezcla de ámbar, sándalo, mandarina y "catalina".

Catalina tiene paciencia benedictina.
Me enseñó a decir "te amo" por la mañana,
por la tarde y a la hora de dormir.
Me enseñó a espantar pesadillas e ilusiones de terror
con un extracto que filtra del bálsamo del amor.

Porque ha velado mi sueño sin aparente motivo.
Y porque me ha dado razones para volver a vivir.
yo, por ella, ¡sobrevivo!
Y porque la he sorprendido a mi lado día y noche
es ella quién me resguarda,
por un designio divino
como el eficaz -álter ego-
de mi arcángel de la guarda. ■

ñ

Ñapa para aliviar la agonía

Repito melancólico, otra vez,
el mismo viaje sin fin, de la rutina,
voy trepado en este carrusel que vuelve y pasa,
terco, cíclico, en un periplo circular
que no termina.

Monótono desánimo,
parásita apatía,
cada estación es copia al carbón
de ésta y el resto de paradas.
Veo borregos que esperan el siguiente tren,
clones, fantasmas, ánimas benditas, suben, se sientan y se bajan.
Todos vamos en procesión de uniforme negro, gris y azul oscuro,
con corbatas discretas, las maletas llenas de papeles,
el fiambre frío y ese agónico vacío al no vislumbrar salida hacia el futuro.

Al volver de otro viaje pesado y sin sentido,
más viejo, más feo, odiando la rutina y deprimido,
me veo obligado a escoger entre...
colgarme del pescuezo,
cortarme las venas, comprar un raticida
que juegue con la corbata marrón de la oficina,
o saltar al paso del tren de medianoche,
o mejor, dejarme ahogar entre la tina.

Llamé a la policía, anuncie mi suicidio con pelos y señales.
Me asignaron un código, una línea de ayuda,
un siquiatra que está de vacaciones y ahora debo responder un test
sobre mi nivel de satisfacción... por el servicio recibido.

Por pura intuición,
divina inspiración,
golpe de suerte
me dejé llevar por mis instintos,
y para no pensar de nuevo en la rutina y en la muerte,
me enfundé entre mis jeans -sin calzoncillos-
me puse una camiseta de algodón, mis tenis viejos,
una gorra deportiva, un swetter desteñido
y en el bolsillo de atrás del pantalón,
cepillo de dientes y un testamento escrito a las carreras
en el que lego todas mis deudas al primer postor,
cual si se tratara de un cheque al portador.

Abraza mis espaldas un morral sencillo,
con un mapa en blanco donde puedo imaginar todos los caminos,
un pasaporte que da fe que no soy nadie,
ciudadano sin Patria ni destino,
vagabundo profesional,
poeta del absurdo, paria, escoria,
basura de esta sociedad de la que huyo.

Así descubrí que la felicidad camina en contravía,
que la dicha está ahí no más, a la vuelta de la esquina,
y que la rutina es muerte lenta...
porque agonizas de tedio cada día.

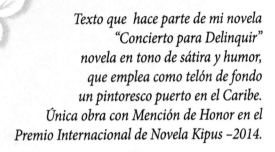

Texto que hace parte de mi novela
"Concierto para Delinquir"
novela en tono de sátira y humor,
que emplea como telón de fondo
un pintoresco puerto en el Caribe.
Única obra con Mención de Honor en el
Premio Internacional de Novela Kipus –2014.

¡Oh pureza!

Somos la raza pura.

Traigo en mi sangre ancestros puros:
Vascos, gallegos y catalanes.
Carabalíes, minas y lucumís.
Chinos, mandingas y yucatecos.
Francia, Inglaterra y el Siboney.

Somos de origen santo.

Creo en Jesús, Yemayá y Oyá,
y en la Virgencita de la Caridad.
Creo en Ogún, Babalú y Changó,
y en la Santísima Trinidad.

Guardo en mi mente sonidos puros.

Bongós, timbales y tumbadoras;
guitarras, güiros y calabazos;
trompetas, congas y saxofones;
cencerros, claves y clarinetes.

Y me hechizan ellas.

Mujeres bellas, de raza pura con piel oscura:
Mulatas lindas de piel canela,
hechas de azúcar, tabaco y miel.

Somos la raza pura.

p

Peccata minuta

Se escurrió bajo mis sábanas, desnuda, como la luna.
Mintió que tenía frío.
Mintió que tenía miedo.
Explicó que era un sueño húmedo,
sin alma, como de ateo.
Mintió que era ese hielo que arde...
al que ella llama "deseo".

Ella bien conoce de su ataque de lujuria,
de ese deseo irresistible,
del mismo instinto sexual que despertó de repente,
tres largos años atrás, cuando cumplió los catorce.

Empezó a temblar como la potranca que era,
nerviosa, ya ardía por la fiebre del deseo,
tensionó su espalda -cual arco armado con flecha-
y pidió que la abrazara, por un elemental motivo: "tengo frío".

"¿Tengo frío? Pero si estás que ardes".
Con insolencia y descaro, se transformó en un instante
Su talle que lucía cóncavo resultó que ahora es convexo.
Me respiró en la nuca,
me susurró un "perdóname".
Y me llevó de la mano, sin timidez ni vergüenza,
hasta las húmedas puertas donde se abre su infierno.

p

La monté a pelo,
sin manta, silla, ni espuelas,
sin freno, riendas, ni estribos.
Ahí mismo se puso dócil
con ese paso goloso, como potranca andaluza.
De súbito empezó a temblar
¡Qué lujuriosa experiencia!
Puro brío, nervio, entrega,
ya volaba yo al galope
y me embriagó con sus besos y sus humores obscenos,
pero ya no pude más.
Sin vergüenza ni decencia,
sin poder poner pie a tierra...
¡Se desbocó el animal! ■

q

Quo usque tandem, Catalina, abutere patentia nostra?

Lo lograste, querida.
Partiste ayer
y de paso,
me partiste el corazón y el día.

Pero, fresca.
Te cuento que sobrevivo
y aunque al comienzo sentí algo de nerviosismo
hoy amanecí contento,
con renovado optimismo.

Nueva paz se respira en esta casa.
Duermo a mis anchas
en esta cama tan ancha
que aún despide tu olor.

Anoche dormí con la luz prendida,
sin apagarla a las diez,
como ordenas cada noche
con tu adorable altivez.

Durante el curso de la noche, la tele no descansó
con promesas "a los ilusos, a tontos y a la canalla
que llamaran a este número que aparece en la pantalla".

q

A las cinco fui testigo de un amanecer radiante.
¿Recuerdas mi última serenata?
Concluyó tal como hoy, en ese preciso instante
cuando la aurora se prende,
y la noche se remata.

Sobre tus prístinas sábanas, esas de blanco satín,
veo huellas sospechosas de algún crimen pasional.
Confieso que comí en la cama
y alguna gotas de salsa debieron saltar del plato.
¿Será salsa de tomate? ¡Oh! Quizá es chocolate.

Hice amigas en Facebook,
fulanas que no conozco, ni tampoco reconozco.
me invitaron a jugar "FarmVille".
(Para demostrar que anoche sí estaba pensando en ti
les vendí dos vacas flacas y enseguida, me perdí)

Para no sentirme solo busqué aquel viejo retrato
que fue el recurso que usaste para pagarle al autor
de una remilgada carta con mi declaración de amor.
Y lo invité a nuestra alcoba
para que tú y yo compartamos,
esta insoportable celda de soledad y castigo,
pues de esta cadena perpetua
ya cumplí veintiún horas
y mirá qué falta me haces.

Acabo de darme cuenta que tienes todos los ases.
¡Mira! Me rindo sin condiciones.
Agito bandera blanca
¡Para que hagamos las paces! ∎

r

Retiros espirituales

Entran a orar por sus almas
y salen a orear sus conciencias.
Desfilan hacia la calle enfundadas en sus uniformes fúnebres de buitres,
con ese desordenado caminar como de patos.

Son monjitas que se ocupan de lo que no preocupa
ni a los políticos, ni a los gobiernos, ni a los ricos.

Se aventuran estas pobres de solemnidad por las trochas de la vida,
como sombras,
con la misma levedad que es patrimonio de los ángeles.

Caminan murmurando salmos y tarareando letanías,
manoteando bendiciones, en nombre del Señor.

Estiran tímidas las manos y recogen, en nombre de la caridad,
las migajas que caen de las mesas opulentas
de banqueros, burócratas y pillos.

Practican cada día,
-con el místico entusiasmo que hacen gala
las picaronas bailarinas de un burdel-
veinte de las catorce obras de misericordia
y sin egoísmo ni medida,
parten, reparten y comparten
-con los más olvidados de la Tierra-
su pan ácimo de cada día. ■

Señor, enséñame...

Señor,
enséñame a encontrar de nuevo,
a ese niño que cargo en mi memoria,
aquel que nada le pidió a la vida,
fuera de héroes, aviones de papel y fantasías.

Señor,
enséñame a entender
el sistema de orientación de las aves migratorias,
para poder volar libre,
como esos migrantes que parten hacia al norte,
cargando un pesado morral repleto de ilusiones.

Señor,
enséñame a invocar las almas de esos fantasmas
-que aúllan como lobos esteparios-
entre los verdes leños que ya empiezan a arder,
para dar la bienvenida al crudo invierno.

Señor,
enséñame a jugar al solitario con mi sombra
para evadir a tantos fanfarrones y pedantes
que compiten entre sí,
-como cangrejos peleando entre una caja-
para impedir que ninguno de ellos sobresalga.

S

Señor,
enséñame a soportar
a los arrogantes que se sienten infalibles,
a los borregos resignados,
a ocho de las siete fuerzas invisibles,
y al silencio de los indignados.

Señor,
enséñame a interpretar
la sonrisa de un mendigo,
la mano callosa de un labriego,
la palma de la mano de una gitana,
la mirada perdida de un demente
y el incierto futuro pluscuamperfecto de mañana.

Señor,
Yo, que soy el peor de tus alumnos,
¡Enséñame por lo menos a soñar! ■

Testamento

Te dejo mis malos ejemplos,
mis chistes baratos,
tres libros marcados,
más la lista de buenos amigos
que no van a mi entierro.

Te dejo mi perro,
más un juramento de fidelidad
sobre la factura de un ron en un bar.

Te dejó una caja con cartas de amor,
seis órdenes de arresto
que siempre ignoré,
y los dados cargados
que un día me robé.

Te dejo inconclusos
un poema romántico,
un ensayo estadístico,
una novela de aventuras,
cien recetas de cocina,
un texto sobre gramática
la historia de mi madrina
un manual sobre informática,
mis memorias de oficina
y otras obras cumbres
que nunca escribí.

t

Te dejo la medalla al "valor felino"
que alguna vez obtuvo aquel perro de aguas
que jamás bañé.

Te encimo falsificaciones auténticas
-"made in China"-
de la linterna de Diógenes,
de la cicuta de Sócrates,
del caballo de Calígula,
de las llagas de Lázaro
y de las columnas de Hércules.

Te dejo un suspiro ahogado,
un dibujo abstracto,
tres telegramas urgentes,
una opera prima que de alguien copié,
mi colección de palillos de dientes,
mi pobre opinión,
más dos jarabes de tilo,
(sin fecha de expiración).

Te dejó un reloj despertador,
un mundo sin recorrer,
mi sueño americano
en su empaque original,
la garantía de por vida de un amor frustrado
un billete falso,
otro que no lo es tanto,
más tres palabras obscenas
que una noche de insomnio
yo mismo inventé.

Te dejó mis deudas,
cuídalas con celo.
Usa el pasaporte que nunca estrené
y la visa al Congo que jamás usé.

Te dejo tres deseos frustrados:
mandar a la mierda a mi jefe,
y a su santa madrecita
y a cien cobradores que siempre ignoré.

Te dejo un cheque sin fondos
para calmarles el hambre a los cuatro curiosos
que van a mi entierro.
y al recaudador de impuestos
que esculca indiscreto
los lujos de pobre que ostento en mi encierro.

Te dejó mis dientes de leche,
un libro sobre "Macondo",
mi perro bilingüe,
mi moza y mi musa,
el gato y el loro,
más otros tesoros
que siempre guardé.

Te dejo...

(Sí, te dejo...
porque ya suenan los clarines,
vibran las trompetas,
la gente se excita como en un carnaval
pues ya están anunciando... para los poetas,
la puesta en escena... del juicio final)

u

Universo en expansión

Llegó la "Era del borrón y cuenta nueva".

El gélido invierno ya aúlla en las desiertas bibliotecas.
Y las ocres hojas de los libros van cayendo
porque los nuevos aires digitales decretaron la llegada de su otoño.

La savia de la sabiduría ya no expele ese aroma
a cuatro tintas frescas de imprimir,
que otrora sugerían el arribo de la primavera.

Y hasta el plomo derretido de los linotipos,
capaz de forjar el metal para trocar
la feraz imaginación de los autores
en textos, versos y novelas,
perdió ya la potencia nuclear de su verano.

Llegamos a la "Era del borrón y cuenta nueva".

Gigas, Apps, códigos binarios, hackers, realidades virtuales.
Un mundo acelerado, ebrio, demente.
Un universo nuevo -cibernético y robótico-
que avasalla con su velocidad de cambio.
Tiempo quimérico, utópico, intangible,
donde ya no te ceden una pausa para leer, ni cavilar,
ni te conceden un instante esquivo para reflexionar.

Se alcanzará el cenit
de esta "Era del borrón y cuenta nueva",
cuando ya nadie pueda reconocer,
su reflejo en un espejo.

Vallenato

Quiero que sea mi entierro parranda con vallenatos,
sin elegías, ni discursos, ni expresiones de dolor.
sin qué apriete una corbata, ni un título de "doctor",

Que canten los consagrados y los juglares novatos.
Y baje por las gargantas ese elixir de la caña
que brindan como ron blanco, o como simple aguardiente.

Necesito, eso sí, un patio, una esquina, un lugar corriente,
a donde llegue harta gente,
un frondoso palo de mango que refresque con su sombra
y cien excusas surtidas, para que en toda esa semana
tiremos -sin que nos duela- la casa por la ventana.

Ya invité al acordeón, a la guacharaca y a la caja vallenata,
sólo me falta una historia que sea de amor, humor o despecho,
para volverla canción.

No importa si el resultado es un son o es un merengue,
una puya, un paseo o una sonora tambora,
lo que importa es que la historia se cante con nombre propio,
porque entre canciones y brindis, sancocho de chivo y bohemia
se puede inmortalizar la memoria de un cualquiera.

Whisky

Contigo aprendí mil y una lecciones de vida,
la técnica de interpretar el disfraz de tu erotismo
y la obsesión de derrochar, con pasión y sin medida,
sueños, años y optimismo, fantasías y espejismos.

Contigo aprendí a desnudar mi vida de temores y virtudes.
Aprendí a volar -con plena libertad- entre mi jaula estrecha,
y comprendí, extasiado, las leyes inalterables de lo incierto.
De tu mano me asomé al oscuro túnel del mañana,
en el intento de descifrar el improbable futuro que me espera.

Aprendí que no todo es como parece,
y que nadie debe aceptarme como nunca he sido.
Aprendí que el éxito en la vida es aparentar el éxito,
que la peor de las mentiras es la más parecida a la verdad,
y que todos los "tales por cuales" somos iguales,
hasta cuando alguno se cuela en las páginas sociales.

Contigo aprendí...
que da lo mismo un lunes que un marzo,
una frontera extranjera que una bandera guerrera,
aprendí que allá en lo oscuro del sepulcro nadie miente,
que el amor se disuelve entre un sencillo cuenco
con la etiqueta que advierte "lágrimas de dolor al dos por ciento",
y que un insulto oportuno tiene el mismo efecto sedante
de un "lo siento".

También aprendí -por sí las dudas-
que más vale una tímida sonrisa a flor de labio
que una promesa de amor del mismo Judas,
que la vida es dura y apenas perdura lo que dura la aventura,
que en las batallas ganadas siempre hay una bala perdida,
y descubrí -sin ocultar mi propio pasmo-
que la primera regla de urbanidad
es no reír durante el curso de un orgasmo.

Hoy, consumido entre el tsunami de una lágrima,
ahogado entre los témpanos de hielo de un mal whisky,
nadando contra la corriente de todos mis prejuicios
aprendí que me llegó la hora de desaprender tanta lección,
para dejar de depender tanto de ti. ■

x-small

¿Que cómo fue?

El de Arriba decidió:
"tin,
marín
de do
pingüé…"

…y se nos fue.

■

Yahvé

¿Dónde está Dios?
Lo busqué en las páginas amarillas,
en la Enciclopedia Británica,
entre las imágenes de "los diez más buscados"
y hasta en los cartones de leche donde aparecen los niños que desaparecen.

Busqué en los archivos secretos que comparten el Vaticano y la CIA.
Consulté a ministros de Dios y a ministros de estado,
a pastores de almas y de ovejas,
a un criador de lobos y a su socio escandaloso,
el pastorcillo mentiroso.

Escudriñé en cien libros sagrados,
en el índice de los libros prohibidos
y en libros de contabilidad.

Intenté descifrarlo en las tablas de Moisés,
en la tabla de los elementos periódicos
y en esas tablas de multiplicar... a los panes y a los peces.

Devoré periódicos viejos en busca de noticias nuevas.

¿Dónde está Dios? grité a voz en cuello
y apareció la autoridad competente
con la sentencia de dos condenas eternas:
una, por llamar al caos y otra, al desorden,
más otra por terrorismo,
por abusar, con derroche de cinismo,
del derecho -que carezco- a la libre expresión de mis ideas.

y

Dios se hizo el desentendido, hasta un dos de diciembre,
cuando me maravilló con un amanecer,
una puesta de sol,
una noche estrellada,
la cara enamorada de una mujer,
la sinfonía "en sol menor" de una llovizna
y la furia indomable de un huracán.

Ahí está Dios.
En las cosas simples,
en las cosas complejas,
en la sonrisa de un bebé,
en una lágrima furtiva que se asoma,
y en el acto del amor.

Ahí está Dios.
En el vuelo estacionario del colibrí,
en el seno que alimenta a un recién nacido
y en la mano callosa de un anciano.
Dios está al timón de la máquina caótica que gobierna al universo
y en el Aleluya de un coro de arrepentidas que
-contritas-
alaban al Señor.

Sí, ahí está Dios,
en el orden del universo y en el desorden del tráfico,
en las buenas y en las malas,
desde nuestro primer vagido,
hasta nuestro último suspiro... ahí está Dios.

(Es que a veces uno no ve a Dios,
por andar Él -de metido- en todas partes) ∎

Z

Zeta

Si pudiera echar hacia atrás las manecillas del reloj…
Me declaro de la alcantarilla su poeta.
Estudio un doctorado en arte subversivo y en graffiti,
para dibujarle a la Gioconda una "carita feliz" sobre una teta.
Camino desnudo por una playa solitaria.
Aprendo a blasfemar en lenguas litúrgicas y en sánscrito.
Denuncio la urticaria que me causan el protocolo y la etiqueta.
Y al instante de arribar al clímax de un orgasmo,
vociferó -a viva voz- la estrepitosa aria "O Patria mia".

Si pudiera retornar en la "máquina del tiempo"…
Me declaro pacifista, alquimista, lector del iris y poeta.
Me trepo en el cerezo de la esquina,
para ver cómo se desnuda la vecina.
Estudio sin pereza lenguas muertas
Y me río –a mandíbula batiente-
de monarcas, delfines y reinas de belleza.

Si me aprobaran tiquete de regreso…
Aprendo a dominar la rosa de los vientos y a volar como paloma
para cagarme sobre estatuas, bustos y esculturas.
Aprendo a silbar, y a escupir desde un puente, y a llorar a carcajadas.
Y aprendo a incumplirle citas... incluso hasta a la misma muerte.

Si aceptaran devoluciones…
Les retorno sus amorosos consejos a mis tías,
el protocolo de la vida militar,
las dos expulsiones de la escuela,
y esta vida de novela donde actúo como fulano ejemplar

Z

Si me dieran a escoger…
Adoptaría a un perro callejero y a un gorrión.
Me cambiaría de nombre.
Aprendería a tocar flauta dulce, corno francés y guacharaca.
Sembraría tres árboles, cien tréboles y un jardín de "milamores".
Trabajaría en un circo.
Sonreiría con la candidez de un monje tibetano.
Y aprendería a cantar tangos, al patético estilo del Gardel

Si entre las veintisiete letras del alfabeto me dieran a escoger sólo una…
me quedo con la "a"…

(Es el viejo truco del profeta cuando se siente a la altura de la "z") ■

"El año que es
abundante de poesía,
suele serlo de hambre"

Miguel de Cervantes

Obras del Autor

"Setenta Años de Historia Detenidos en El Tiempo"
Crónica histórica.

"Viva el Obispo ¡Carajo!
Novela - Real maravilloso.

"Concierto para Delinquir"
"Primer Premio Internacional de Novela Kipus"
Novela finalista. Única Mención Honorífica.

"Abril nace en Enero"
Novela

"¿A qué Huele el Humor? "
Humor y sátira.

"120 Píldoras para el día después"
Humor Gráfico.

"El niño que me perdonó la vida"
Novela (En preparación)

Información del Autor:

www.ArmandoCaicedo.com
Facebook: /ArmandoCaicedoG
Twitter: @ArmandoCaicedoG
www.PalabraLibre.com

CPSIA information can be obtained
at www.ICGtesting.com
Printed in the USA
LVHW030806080419
613325LV00008B/801